Mein Plätzchen Backbuch

Schwager & Steinlein

INHALT

Einleitung	4
Vanillekipferl	10
Schwarz-weiße Schnecken	13
Butterplätzchen	14
Zimt-Taler	17
Süße Monde	18
SpongeBob-Cookies	21
Zimtsterne	23
Pfeffernüsse	24
Haferflocken-Taler	27
Pistazien-UFOs	28
Safranherzen	31
Erdnusskekse	32
Engelsaugen	35

Kokos-Sterne	36
Zitronenkränzchen	39
Patrick-Cookies	40
Spritzgebäck	43
Erdnuss-Schoko-Quadrate	44
Buttergebäck	47
Ananas-Kokos-Sterne	48
Lebkuchen	51
Mandelsplitter-Häufchen	52
Marzipanbärchen	55
Nuss-Makronen	56
Gary-Cookies	59
Mohnsterne	60
Kokos-Berge	63

KINDERLEICHT BACKEN

Backen ist ein Riesenspaß – und erst recht, wenn die ganze Familie mit von der Partie ist! Bevor es so richtig losgeht, erhaltet ihr im Folgenden noch ein paar wichtige Informationen zu diesem Buch und jede Menge nützliche Tipps, die euch bei euren ersten Backversuchen helfen werden.

SCHRITT FÜR SCHRITT ZUM PROFI

Jedes Rezept in diesem Buch wird Schritt für Schritt genau erklärt. Die fertigen Plätzchen siehst du auf dem Foto. Wenn du dich genau an die Anleitung hältst, dann wird das Rezept auch gelingen. Vielleicht sieht das Plätzchen beim ersten Versuch nicht ganz genauso aus wie auf dem Bild. Mach dir nichts draus: Auch ein Profibäcker hat mal klein angefangen!

Die drei Schnecken

Die Zubereitung der Rezepte ist unterschiedlich schwierig – wie einfach oder kompliziert die Zubereitung ist, zeigen dir die drei Schnecken:

 für Backanfänger

 für Fortgeschrittene

 für Bäckerinnen und Bäcker mit Erfahrung

Backofen

Bei den Rezepten in diesem Buch werden die Plätzchen fast immer auf der mittleren Einschubleiste des Backofens gebacken – falls es doch einmal anders sein sollte, ist es bei dem Rezept vermerkt. Die Rezepte beziehen sich alle auf einen Elektroherd mit Ober-/Unterhitze. Wenn du mit Umluft backen möchtest, musst du die angegebene Temperatur einfach um 20 °C verringern.

ABKÜRZUNGEN

Tl = Teelöffel
El = Esslöffel
g = Gramm
Ø = Durchmesser
°C = Grad Celsius

GANZ WICHTIG!

Da bei diesem spannenden Abenteuer ein paar Gefahren lauern können, suche dir auf jeden Fall einen erwachsenen Begleiter, der dich bei deiner Reise ins Plätzchenparadies an die Hand nimmt und Arbeitsschritte, bei denen du dich verletzen könntest, übernimmt. Das kann zum Beispiel deine Mama oder dein Papa sein, deine Oma oder deine Tante. Aber keine Angst, wenn es richtig spannend wird, ist natürlich deine Hilfe gefragt! Beim Ausrollen des Teiges und beim Ausstechen und Verzieren der Plätzchen kannst du dich nach Herzenslust austoben. Und je nachdem, wie alt du bist oder wie viel Übung du schon hast, darfst du vielleicht auch schon andere Handgriffe erledigen. Besprich das einfach mit deinem erwachsenen Begleiter, bevor ihr loslegt. Und schau auf jeden Fall immer ganz genau zu – so wirst du ganz schnell selber zum Backprofi.

Scharfe Messer

Besonders beim Umgang mit Messern ist äußerste Vorsicht geboten! Lasse daher alle Zutaten von einem Erwachsenen schneiden und hacken. Auch das Spülen der Messer sollte sicherheitshalber immer ein Erwachsener übernehmen.

Handrührgerät

Auch beim Benutzen eines Handrührgerätes muss man sehr vorsichtig sein. Beim Einschalten werden zuerst die Rührstäbe in das Gerät gesteckt und erst dann der Stecker in die Steckdose. Das Rührgerät darf erst dann eingeschaltet werden, wenn die Rührstäbe tief in die Rührschüssel getaucht sind, dann spritzt es nicht. Wenn das Rühren erledigt ist, wird das Gerät zuerst ausgeschaltet und dann der Stecker aus der Steckdose gezogen. Erst dann werden die Rührstäbe herausgenommen. Lass dir bei diesen Vorgängen von einem Erwachsenen helfen!

Vorsicht, heiß!

Lass die Backbleche immer von Erwachsenen in den Ofen schieben und aus dem Ofen holen. Man kann sich nämlich am heißen Blech und im heißen Ofen böse verbrennen. Die Erwachsenen sollten immer dicke Topflappen oder Ofenhandschuhe benutzen. Heiße Bleche sollten nicht auf die Arbeitsfläche gestellt werden, sondern immer auf einen passenden Untersetzer. Lass die Erwachsenen auch das Kochen und das Erwärmen von Zutaten im Wasserbad übernehmen.

Vorsicht, Strom!

Benutze Elektrogeräte nur in Anwesenheit eines Erwachsenen und lass dir genau erklären, worauf zu achten ist. Elektrostecker und Schalter darfst du niemals mit nassen Händen anfassen. Verlasse die Küche nicht, solange der Herd eingeschaltet ist. Vergiss nie, den Herd nach dem Kochen auszustellen.

Bitte nicht stören!

Lass dich beim Backen nicht ablenken, zum Beispiel durch Besuch oder das Telefon. Falls doch etwas Wichtiges dazwischen kommt, nimm den Topf vom Herd und stelle Herd und Backofen aus.

BEVOR ES LOSGEHT

Vorbereitungen

Bevor du beginnst, solltest du dir immer zuerst einmal das ganze Rezept durchlesen bzw. vorlesen lassen. Schau dir an, welche Zutaten du für das Rezept benötigst und überprüfe, ob Ihr alle Zutaten im Haus habt bzw. welche Ihr noch einkaufen müsst. Unter „Das stellst du bereit" siehst du, welche Küchenutensilien und -geräte benötigt werden. Stell sie vorab bereit, damit später keine Hektik ausbricht.

Sauberkeit

Wasche dir zu Beginn des Backens immer die Hände. Lange Haare werden zusammengebunden, und auch Profibäcker tragen eine Schürze.

Vorheizen

Bei den meisten Rezepten muss der Backofen vorgeheizt werden, das heißt, der Backofen muss die im Rezept angegebene Temperatur haben, bevor das Plätzchenblech hineingeschoben wird.

Zutaten abmessen

Das Gelingen eines Rezeptes hängt vom genauen Abmessen der Zutaten ab. Dazu benutzt du am besten eine Küchenwaage.

GRUNDTECHNIKEN

Eier trennen

Um Eier zu trennen, legt man das Ei in die Hand und schlägt es vorsichtig mit dem Messer in der Mitte ganz leicht an. Dann bricht man es mit den Fingern über einer Tasse vorsichtig auseinander und kippt das Eigelb so lange von einer Schalenhälfte in die andere, bis das ganze Eiweiß in die Tasse gelaufen ist. Das Eigelb gibt man anschließend in ein zweites Gefäß. Dabei sollte man gut aufpassen, dass kein Eigelb in das Eiweiß gerät, da das Eiweiß beim Schlagen sonst nicht fest wird. Verwende immer nur ganz frische Eier, da du von verdorbenen Eiern sehr krank werden kannst!

Eiweiß steif schlagen

Um Eiweiß steif zu schlagen, wird es in eine fettfreie Schüssel gegeben und mit den Rührbesen des Handrührgerätes auf mittlerer Stufe schaumig geschlagen. Dann schlägt man auf der höchsten Stufe weiter, bis die Masse fest ist. Um zu testen, ob der Eischnee fest genug ist, stellt man die Rührschüssel auf den Kopf – wenn die Masse am Schüsselboden haften bleibt, ist der Eischnee genau richtig!

Sieben

Feine Zutaten wie Mehl oder Backpulver werden vor dem Backen gesiebt, damit keine Klümpchen entstehen und der Teig luftiger wird. Dazu werden sie in ein Sieb gegeben und durch behutsames Schütteln des Siebes in eine Schüssel oder auf die Arbeitsfläche gesiebt.

Vanilleschote auskratzen

Um an das schwarze, köstliche Mark einer Vanilleschote zu kommen, wird diese der Länge nach mit einem scharfen Messer aufgeschnitten. Dann wird das Messer flach angesetzt und das Vanillemark herausgekratzt.

Wasserbad

Empfindliche Speisen, die leicht anbrennen, wie beispielsweise Schokolade, werden im Wasserbad erwärmt und geschmolzen. Dazu wird ein Topf mit der Zutat, die geschmolzen werden soll, in einen zweiten Topf, der mit Wasser gefüllt ist, gehängt. Dieser wird dann auf dem Herd erhitzt, so dass die Zutat schonend schmelzen kann.

Zitronenschale abreiben

Bevor die Zitronenschale abgerieben wird, muss die Zitrone zunächst gründlich abgewaschen und trocken gerieben werden. Dann wird die gelbe Außenseite der Schale mit einer feinen Küchenreibe vorsichtig abgerieben. Dabei sollte man darauf achten, dass die darunter liegende weiße Schale nicht mit abgerieben wird, da sie sehr bitter schmeckt.

Verrühren und verkneten

Zu den Hauptarbeiten beim Backen gehören das Verrühren bzw. Verkneten von Teigen, Cremes oder sonstigen Zutaten wie Sahne, Eigelb oder Eiweiß. Dafür verwendet man ein Handrührgerät mit Rührbesen bzw. Knethaken. Um weichere Zutaten zu einer cremigen oder schaumigen Masse zu verrühren, nimmt man die Rührbesen; um festere Massen wie Teig zu verkneten, werden die Knethaken verwendet.

VOM TEIG ZUM PLÄTZCHEN

Teig ausrollen

Der fertige Plätzchenteig wird auf einer sauberen, mit Mehl bestäubten Arbeitsfläche ausgerollt. Leg den Teig darauf und beginne, mit dem ebenfalls bemehlten Nudelholz, den Teig zu einer dünnen Platte auszurollen. Das ist am Anfang recht mühsam, wird dann aber immer leichter.

Plätzchen ausstechen

Wenn der Teig ausgerollt ist, kannst du dich ans Ausstechen machen. Nimm dafür das Ausstechförmchen und leg es flach auf den Teig. Drücke es dann behutsam nach unten, bis der Teig vollständig durchbrochen ist. Wenn du nun das Förmchen hochhebst, bleibt der Teig meist darin hängen. Drücke ihn dann mit den Fingern vorsichtig hinaus und leg das ausgestochene Plätzchen auf das Backblech. Wenn der Teig auf der Arbeitsplatte liegen bleibt, heb ihn vorsichtig mit einem Küchenschaber ab.

Plätzchen aufspritzen

Bei einigen Rezepten werden die Plätzchen nicht ausgestochen, sondern mit einem Spritzbeutel aufgespritzt. Nimm dazu einen sauberen Spritzbeutel und setze die im Rezept angegebene Tülle auf, häufig ist das eine Sterntülle. Danach wird die Creme oben portionsweise eingefüllt. Achte dabei darauf, dass der Beutel nicht zu voll wird. Nun wird der Beutel oben am offenen Ende zusammengedreht, danach wird leicht mit den Händen auf den prallen Beutel gedrückt. Nun kommt die Creme vorne in der gewünschten Verzierung heraus. Diesen Vorgang wiederholst du so lange, bis alle Plätzchen aufgespritzt sind.

Plätzchen backen

Um die Plätzchen zu backen, gibst du sie auf ein eingefettetes oder ein mit Backpapier belegtes Backblech. Leg die Plätzchen dann vorsichtig mit den Händen oder einem Pfannenwender auf das Blech. Lass dabei zwischen den Plätzchen jeweils etwas Platz, da die meisten Teige beim Backen noch etwas auseinanderlaufen. Schau während des Backens regelmäßig nach, wie braun die Plätzchen schon sind, damit sie nicht verbrennen. Ggf. kannst du die Temperatur etwas herunterdrehen oder die Backzeit verkürzen.

Plätzchen verzieren

Beim Verzieren von Plätzchen kannst du deiner Phantasie freien Lauf lassen! So kannst du z.B. Puderzucker mit etwas Wasser zu Zuckerguss verrühren und diesen mit einem Pinsel auf die Plätzchen streichen. Wer es bunter mag, rührt noch Lebensmittelfarbe darunter und verziert die Plätzchen mit bunten Mustern, Gesichtern o.Ä. (schau dir dazu auch einmal den Tipp auf S. 20 an). Du kannst aber auch einfach in einer Schüssel ein Eigelb mit einer Gabel verschlagen, dieses vor oder nach dem Backen auf die Plätzchen streichen und wenn du magst noch Schoko- oder Zuckerstreusel, Hagelzucker oder Nussstückchen darauf streuen. Und wenn du gerne Schokolade magst, verzierst oder bestreichst du die Plätzchen nach dem Backen mit geschmolzener Schokolade bzw. Kuvertüre.

GESUNDE PLÄTZCHEN

Auch wenn du Plätzchen „zum Fressen gern" hast, solltest du nicht so viele davon essen, da man davon Bauchschmerzen und Zahnprobleme bekommen kann. Plätzchen sind auch nicht dazu da, eine Hauptmahlzeit zu ersetzen. Aber ab und zu als kleine Nascherei kannst du sie dir bedenkenlos schmecken lassen! Mit ein paar wenigen Tricks kannst du die Plätzchen aber auch noch etwas gesünder machen!

Honig statt Zucker

Zucker liefert dem Körper nur leere Kalorien, da er weder Vitamine und Mineralstoffe noch Nährstoffe enthält. Honig hingegen enthält viele gesunde Inhaltsstoffe, die deinem Körper richtig gut tun. Backe doch einfach hier und da auch einmal Plätzchen mit diesem gesunden Süßungsmittel oder ersetze einen Teil des Zuckers durch Honig - sie werden dir bestimmt genauso gut schmecken!

Mehl ist nicht gleich Mehl

In den meisten Plätzchen-Rezepten wird Weizenmehl verwendet, da es sehr gut zum Backen geeignet ist. Im Vergleich zum Vollkornmehl hat es aber weniger Ballaststoffe, Vitamine und Mineralstoffe, da dafür der Weizen ohne die wertvolle Schale und die wertvollen Keimlinge vermahlen wird. Beim Vollkornmehl wird hingegen das ganze Weizenkorn vermahlen. Du kannst problemlos einen Teil des Weizenmehls oder das gesamte Mehl durch Vollkornmehl ersetzen, musst dann aber mehr Flüssigkeit dazugeben, damit die Plätzchen nicht zu trocken werden. Versuche doch einmal die Pfeffernüsse von S. 24! Anstelle von Weizenmehl kannst du zum Backen auch Dinkelmehl verwenden.

Süße Früchtchen

Trockenobst wird hergestellt, indem Früchten wie Weintrauben oder Aprikosen mit bestimmten Trocknungsverfahren das Wasser entzogen wird. Dadurch schmeckt das Obst noch süßer als im frischen Zustand. Kein Wunder also, dass sich Trockenfrüchte gut zum gesunden Süßen eignen. Probiere doch mal die Kokos-Berge von S. 63!

Nüsse - gesund und köstlich

Nüsse enthalten viele wertvolle Vitamine und gesunde Fette. Sie schmecken daher in Plätzchen nicht nur unheimlich lecker, sondern machen sie auch noch zu gesunden Nascherreien! Du kannst bei den Plätzchenrezepten auch einen Teil des Mehls durch gemahlene Nüsse ersetzen.

Wir wünschen dir und deinem erwachsenen Begleiter nun viel Spaß beim Plätzchenbacken - und denke immer daran: Es ist noch kein Meister vom Himmel gefallen!

VANILLEKIPFERL

SCHWIERIGKEITSGRAD:

DAS BRAUCHST DU
(für ca. 35 Plätzchen)

- 1 Vanilleschote
- 100 g Butter
- 100 g Mehl
- 1 Eigelb
- 50 g Zucker
- 1 Prise Salz
- 75 g gemahlene Mandeln
- 50 g Zucker und 1 Päckchen Vanillezucker zum Wälzen
- Mehl für die Arbeitsfläche

SO GEHT'S

1. Schneide die Vanilleschote mit einem Messer der Länge nach auf. Kratze dann das Mark heraus.

2. Schneide die Butter in kleine Stücke. Siebe das Mehl auf die Arbeitsfläche und drücke in die Mitte eine Mulde hinein. Gib das Eigelb in die Mulde. Verteile den Zucker, das Salz, das Mark der Vanilleschote, die Mandeln und die Butter auf dem Mehlrand.

3. Zerhacke die Zutaten grob mit einem langen Messer. Verknete dann alles mit den Händen zügig zu einem glatten Teig. Wickle den Teig in Frischhaltefolie und stelle ihn mindestens 30 Minuten im Kühlschrank kalt.

4. Heize den Backofen auf 200 °C vor. Leg ein Backblech mit Backpapier aus.

5. Knete den Teig noch einmal kurz auf der bemehlten Arbeitsfläche durch. Rolle ihn dann portionsweise bleistiftdick aus. Schneide die Rollen in etwa 6 cm lange Stücke. Drücke die Teigstücke leicht flach und biege sie halbrund zu Hörnchen. Leg die Kipferl auf das Backblech und backe sie 10-15 Minuten.

6. Vermische den Zucker und den Vanillezucker. Wälze die noch warmen Kipferl vorsichtig darin. Lass sie auf einem Kuchengitter auskühlen.

TIPP

Sparsam wie Mr. Krabs! Gib die ausgekratzte Vanilleschote mit etwas feinem Zucker in ein verschließbares Gefäß und hab ein paar Tage Geduld – fertig ist der ultimative Vanillezucker für Sparfüchse.

DAS STELLST DU BEREIT

Messer
Küchenwaage
Sieb
Frischhaltefolie
Backblech
Backpapier
Ofenhandschuhe
Kuchengitter

JOKE

Warum fressen Schnecken lieber Salat als Insekten? – Salat rennt nicht weg!

DAS STELLST DU BEREIT

- Küchenwaage
- Messer
- Sieb
- Rührschüssel
- Handrührgerät
- Teelöffel
- Nudelholz
- Küchenpinsel
- Backblech
- Backpapier
- Ofenhandschuhe
- Kuchengitter

SCHWARZ-WEISSE SCHNECKEN

SCHWIERIGKEITSGRAD:

DAS BRAUCHST DU

(für ca. 20 Plätzchen)

- 60 g Butter
- 125 g Mehl
- 1/2 Tl Backpulver
- 60 g Puderzucker
- 1/2 Päckchen Vanillezucker
- 1 Prise Salz
- 1 Eigelb
- 1 El Kakaopulver
- 1/2 El Puderzucker
- 1 El Milch
- 1 Eiweiß
- Mehl für die Arbeitsfläche

SO GEHT'S

1. Schneide die Butter in kleine Stücke. Siebe das Mehl mit dem Backpulver in eine Rührschüssel. Gib die Butter, den Puderzucker, den Vanillezucker, das Salz und das Eigelb hinzu. Verknete alles zuerst mit den Knethaken des Handrührgerätes, dann mit den Händen zu einem glatten Teig.

2. Für den dunklen Teig verrühre den Kakao mit dem Puderzucker und der Milch und verknete die Mischung mit der Hälfte des Teiges. Stelle beide Teige für etwa 60 Minuten im Kühlschrank kalt.

3. Rolle jeweils den hellen und den dunklen Teig zu gleich großen dünnen Platten aus. Verschlag das Eiweiß und bestreiche die dunkle Platte dünn mit Eiweiß. Leg die helle Platte darauf und bestreiche auch sie mit Eiweiß. Rolle die Teigplatte fest auf.

4. Stelle die Teigrolle noch einmal kurz kalt. Heize währenddessen den Backofen auf 180 °C vor und beleg ein Backblech mit Backpapier.

5. Schneide die Teigrolle in Scheiben und leg diese auf das Backblech. Backe die Plätzchen etwa 15 Minuten. Lass sie danach auf einem Kuchengitter auskühlen.

BUTTERPLÄTZCHEN

SCHWIERIGKEITSGRAD:

DAS BRAUCHST DU

(für ca. 20 Plätzchen)

- 50 g weiche Butter
- 75 g Mehl
- 25 g Zucker
- 1 Prise Salz
- 1 Eigelb
- 75 g Puderzucker für den Guss
- ca. 2 El Zitronensaft für den Guss
- bunte Zuckerstreusel und -perlen zum Bestreuen
- Mehl für die Arbeitsfläche

SO GEHT'S

1. Schneide die Butter in kleine Stücke und gib sie dann mit Mehl, Zucker, Salz und Eigelb in eine Schüssel. Knete alles zuerst mit den Knethaken des Handrührgerätes, dann mit den Händen zu einem glatten Teig. Wickle den Teig in Folie und stelle ihn für etwa 30 Minuten im Kühlschrank kalt.

2. Heize den Backofen auf 200 °C vor. Leg ein Backblech mit Backpapier aus.

3. Rolle den Teig auf einer leicht bemehlten Arbeitsfläche aus und stich mit Ausstechförmchen Plätzchen aus.

4. Leg die Plätzchen auf das Backblech und backe sie etwa 10 Minuten. Lass sie danach auf einem Kuchengitter auskühlen.

5. Rühre den Puderzucker mit Zitronensaft glatt. Bepinsle die Plätzchen damit und bestreue sie dann nach Belieben mit Zuckerstreuseln und -perlen.

DAS STELLST DU BEREIT

Küchenwaage
Messer
Sieb
Rührschüssel
Handrührgerät
Frischhaltefolie
Backblech

Backpapier
Nudelholz
Ausstechförmchen
Ofenhandschuhe
Kuchengitter
Schüssel
Küchenpinsel

DAS STELLST DU BEREIT

Küchenwaage
kleiner Topf
Rührschüssel
Handrührgerät
Sieb
Frischhaltefolie
Backblech
Backpapier
Schüssel
Küchenpinsel
Messer
Ofenhandschuhe
Kuchengitter

ZIMT-TALER

DAS BRAUCHST DU
(für ca. 25 Plätzchen)

125 g Butter
100 g Zucker
1/2 TL gemahlener Zimt
1 Prise Salz
150 g Mehl
25 g Speisestärke
1 Eiweiß zum Bestreichen
40 g brauner Zucker zum Wälzen
Mehl für die Arbeitsfläche

SCHWIERIGKEITSGRAD:

SO GEHT'S

1. Lass die Butter schmelzen, bis sie eine leicht braune Farbe annimmt. Nimm den Topf dann vom Herd und lass die Butter auf Zimmertemperatur abkühlen.

2. Verrühre die abgekühlte Butter mit dem Zucker, dem Zimt und dem Salz mit den Rührbesen des Handrührgerätes zu einer cremigen Masse.

3. Siebe das Mehl und die Speisestärke dazu und verknete alles kurz mit den Knethaken des Handrührgerätes zu einem glatten Teig. Wickle den Teig in Folie und lass ihn für etwa 45 Minuten im Kühlschrank ruhen.

4. Forme aus dem Teig auf einer bemehlten Arbeitsfläche 3 Rollen und leg sie noch einmal etwa 2 Stunden in den Kühlschrank.

5. Heize den Backofen auf 175 °C vor. Leg ein Backblech mit Backpapier aus. Bestreiche die Rollen rundherum mit Eiweiß und wälze sie dann in dem braunen Zucker. Schneide die Rollen in Scheiben und leg diese auf das Backblech.

6. Backe die Plätzchen im Backofen auf der 2. Einschubleiste von unten etwa 15 Minuten. Lass sie dann auf einem Kuchengitter auskühlen.

SÜSSE MONDE

SCHWIERIGKEITSGRAD:

DAS BRAUCHST DU

(für ca. 30 Party-Plätzchen)

- 80 g Butter
- 60 g Zucker
- 1 Eigelb
- 125 g Mehl
- 1 gestrichener TL Backpulver
- 1 Prise Salz
- 100 g Puderzucker für den Guss
- Hagelzucker und gehackte Pistazien zum Verzieren
- 50 g dunkle Schokolade zum Verzieren
- Mehl für die Arbeitsfläche

SO GEHT'S

1. Verrühre die Butter mit dem Zucker mit den Rührbesen des Handrührgerätes, bis sich der Zucker aufgelöst hat. Gib dann das Ei dazu und rühre es so lange unter, bis es sich mit der Buttermasse verbunden hat.

2. Füge dann Mehl, Backpulver und Salz hinzu und verknete alles zuerst mit den Knethaken des Handrührgerätes, dann mit den Händen zu einem glatten Teig. Wickle den Teig in Folie und stelle ihn für etwa 30 Minuten im Kühlschrank kalt.

3. Heize den Backofen auf 175 °C vor. Leg ein Backblech mit Backpapier aus.

4. Rolle den Teig auf einer bemehlten Arbeitsfläche aus und stich mit einem Ausstechförmchen Monde aus. Leg die Plätzchen auf das Backblech und backe sie etwa 10 Minuten. Lass sie danach auf einem Kuchengitter abkühlen.

5. Rühre den Puderzucker mit 2-3 Esslöffeln Wasser glatt. Bepinsle die Plätzchen damit und bestreue sie dann mit Hagelzucker. Drücke jeweils ein Pistazienstückchen als Auge in den Guss. Lass alles gut trocknen.

6. Zerbröckle die Schokolade und lass sie im Wasserbad schmelzen. Bestreiche die obere Spitze der Plätzchen damit und lass die Schokolade dann fest werden.

JOKE

Der Lehrer zu seinem Schüler: „Es ist nicht ausgeschlossen, dass der Mond bewohnt ist!" – „Oh, dann muss es dort bei Halbmond aber ein ganz schönes Gedränge geben."

DAS STELLST DU BEREIT

Küchenwaage
Rührschüssel
Handrührgerät
Frischhaltefolie
Backblech
Backpapier
Nudelholz

Ausstechförmchen
Ofenhandschuhe
Kuchengitter
Schüssel
Küchenpinsel
Wasserbad

SPONGEBOB-COOKIES

SCHWIERIGKEITSGRAD:

DAS BRAUCHST DU
(für ca. 25 Plätzchen)

- 60 g Butter
- 200 g Mehl
- 1 Messerspitze Backpulver
- 85 g Zucker
- 1 Prise Salz
- 1 Ei
- 60 g Ananaskonfitüre
- Puderzucker zum Verzieren
- Lebensmittelfarben in verschiedenen Farben zum Verzieren
- Mehl für die Arbeitsfläche

SO GEHT'S

1. Schneide die Butter in kleine Stücke und gib sie dann mit Mehl, Backpulver, Zucker, Salz und dem Ei in eine Schüssel. Knete alles zuerst mit den Knethaken des Handrührgerätes, dann mit den Händen zu einem glatten Teig. Wickle den Teig in Folie und stelle ihn für etwa 60 Minuten im Kühlschrank kalt.

2. Heize den Backofen auf 180 °C vor. Leg ein Backblech mit Backpapier aus. Lass die Konfitüre etwa 1-2 Minuten einkochen.

3. Rolle den Teig auf einer bemehlten Arbeitsfläche aus und stich mit dem SpongeBob-Ausstechförmchen Plätzchen aus.

4. Bepinsle die Hälfte der Plätzchen mit der Konfitüre und setze dann die restlichen Plätzchen darauf. Leg die Plätzchen auf das Backblech und backe sie 12-14 Minuten. Lass sie danach auf einem Kuchengitter auskühlen.

5. Verrühre jeweils in verschiedenen Schüsseln etwas Puderzucker mit Wasser, bis eine zähflüssige Paste entsteht. Gib dann jeweils eine Lebensmittelfarbe dazu und verrühre die Masse. Verziere die Plätzchen mit den verschiedenen Farben, so dass sie aussehen wie SpongeBob.

ZIMTSTERNE

SCHWIERIGKEITSGRAD:

DAS BRAUCHST DU
(für ca. 30 Party-Plätzchen)

- 2 Eiweiß
- 100 g Marzipanrohmasse
- 150 g Puderzucker
- 50 g Zucker
- 2 Tl Zimt
- 100 g gemahlene Haselnüsse
- 100 g gemahlene Mandeln
- 90 g Puderzucker für den Guss
- 1 Tl Zitronensaft für den Guss

SO GEHT'S

1. Schlag das Eiweiß mit den Rührbesen des Handrührgerätes sehr steif.

2. Schneide die Marzipanrohmasse in kleine Stücke und verknete sie mit etwa 1/4 des Eiweißes. Gib Puderzucker, Zucker, Zimt und weitere 2/3 des restlichen Eiweißes dazu und rühre alles gründlich unter. Füge die Haselnüsse und 50 g Mandeln hinzu und verknete alles zu einem glatten Teig.

3. Heize den Backofen auf 150-175 °C vor. Leg ein Backblech mit Backpapier aus.

4. Bestreue die Arbeitsfläche mit den restlichen Mandeln und rolle den Teig darauf aus. Stich mit einem Ausstechförmchen Sterne aus. Leg die Plätzchen auf das Backblech.

5. Verrühre den Puderzucker mit dem Zitronensaft und so viel von dem restlichen Eiweiß, dass eine glatte, dickflüssige Glasur entsteht. Bestreiche die Zimtsterne damit.

6. Backe die Zimtsterne auf der 2. Einschubleiste von unten etwa 10 Minuten, bis die Glasur leicht gebräunt ist. Lass sie auf einem Kuchengitter abkühlen.

PFEFFERNÜSSE

SCHWIERIGKEITSGRAD:

DAS BRAUCHST DU

(für ca. 30 Party-Plätzchen)

50 g Orangeat
1/2 Tl Hirschhornsalz
2 Eier
150 g brauner Zucker
je 1 Messerspitze Piment, Muskatnuss, Kardamom und Zimt
1 Tl abgeriebene Schale von 1 unbehandelten Orange
250 g Vollkornmehl
50 g Puderzucker für den Guss
1 El Orangensaft und 1/2 El Zitronensaft für den Guss
Schoko- und Zuckerstreusel zum Verzieren

SO GEHT'S

1. Schneide das Orangeat in sehr kleine Stücke. Löse das Hirschhornsalz in 2 El kaltem Wasser auf.

2. Rühre die Eier mit dem Zucker mit den Rührbesen des Handrührgerätes schaumig. Gib dann nach und nach die Gewürze, die Orangenschale, das Orangeat und das aufgelöste Hirschhornsalz dazu und verrühre alles miteinander.

3. Siebe das Mehl dazu und verrühre alles zu einem glatten Teig. Decke die Schüssel mit Frischhaltefolie ab und lass den Teig über Nacht im Kühlschrank ruhen.

4. Heize am nächsten Tag den Backofen auf 180 °C vor. Leg ein Backblech mit Backpapier aus.

5. Forme aus dem Teig mit angefeuchteten Händen walnussgroße Kugeln und drücke sie leicht flach. Leg die Teigstücke mit etwas Abstand auf das Backblech und backe sie 20-25 Minuten. Lass sie dann kurz abkühlen, so dass du sie gerade anfassen kannst.

6. Verrühre den Puderzucker mit Orangen- und Zitronensaft zu einem glatten Guss. Bepinsle die noch warmen Plätzchen damit und bestreue sie dann nach Belieben mit Schoko- und Zuckerstreuseln.

TIPP

Dass in Pfeffernüssen wirklich Pfeffer enthalten ist, glaubt nicht einmal Patrick! Im Mittelalter wurden alle exotischen Gewürze als „Pfeffer" bezeichnet - daher haben die Pfeffernüsse ihren seltsamen Namen.

DAS STELLST DU BEREIT

Küchenwaage
Messer
kleine Schüsseln
Rührschüssel
Handrührgerät
Frischhaltefolie
Backblech
Backpapier
Ofenhandschuhe
Küchenpinsel

JOKE

„Hören Sie mal, das Plätzchen ist ja kleiner als ein 2-Euro-Stück!" – „Es kostet ja auch nur 1,99 Euro."

DAS STELLST DU BEREIT

Küchenwaage
Messer
Sieb
Rührschüssel
Handrührgerät
Backblech
Backpapier
Ofenhandschuhe
Kuchengitter

HAFERFLOCKEN-TALER

SCHWIERIGKEITSGRAD:

DAS BRAUCHST DU
(für ca. 25 Plätzchen)

75 g Cashewkerne
90 g Butter
60 g Mehl
1 Ei
60 g Zucker
1 Päckchen Vanillezucker
75 g blütenzarte Haferflocken
1 Prise Salz

SO GEHT'S

1. Hacke die Cashewkerne mit einem Messer in kleine Stückchen. Schneide die Butter in kleine Stücke.

2. Siebe das Mehl in eine Rührschüssel. Gib die gehackten Cashewkerne, die Butter, das Ei, Zucker und Vanillezucker, die Haferflocken und das Salz hinzu und verknete alles mit den Knethaken des Handrührgerätes zu einem glatten Teig.

3. Heize den Backofen auf 180 °C vor. Leg ein Backblech mit Backpapier aus.

4. Forme aus dem Teig mit angefeuchteten Händen kleine Kugeln und drücke sie leicht flach. Leg die Teigstücke mit etwas Abstand auf das Backblech und backe sie etwa 8 Minuten. Lass sie anschließend auf einem Kuchengitter abkühlen.

PISTAZIEN-UFOS

SCHWIERIGKEITSGRAD:

DAS BRAUCHST DU
(für ca. 25 Plätzchen)

125 g Mehl
1 Eigelb
100 g Butter
50 g feiner Zucker
1 Prise Salz
70 g gehackte Pistazien
1 Prise Sternanis
kandierte Kirschen zum Verzieren
100 g Puderzucker für den Guss

SO GEHT'S

1. Siebe das Mehl auf die Arbeitsfläche und drücke in die Mitte eine Mulde hinein. Gib das Eigelb in die Mulde. Schneide die Butter in kleine Stücke. Verteile die Butter, den Zucker, das Salz, 30 g gehackte Pistazien und den Sternanis auf dem Mehlrand.

2. Zerhacke die Zutaten grob mit einem langen Messer. Verknete dann alles mit den Händen zügig zu einem glatten Teig. Wickle den Teig in Folie und stelle ihn für mindestens 30 Minuten im Kühlschrank kalt.

3. Heize den Backofen auf 200 °C vor. Leg ein Backblech mit Backpapier aus.

4. Forme aus dem Teig mit den Händen kleine Kugeln und drücke sie leicht flach. Leg sie dann mit etwas Abstand auf das Backblech und backe sie 8-10 Minuten. Lass die Plätzchen danach auf einem Kuchengitter auskühlen.

5. Schneide die kandierten Kirschen in Hälften. Verrühre den Puderzucker mit 1-2 El Wasser zu einem glatten Guss. Bepinsle die Plätzchen mit dem Guss, setze auf jedes Plätzchen eine halbe Kirsche und bestreue alles mit den restlichen gehackten Pistazien.

JOKE
Was ist ein Keks unter einem Baum? – Ein schattiges Plätzchen!

DAS STELLST DU BEREIT

Küchenwaage
Sieb
Messer
Frischhaltefolie
Backblech
Backpapier
Ofenhandschuhe
Kuchengitter
kleine Schüssel
Küchenpinsel

JOKE
Woraus wird Safran gewonnen – Hokus, Pokus oder Krokus?

DAS STELLST DU BEREIT

Küchenwaage
Messer
Sieb
Rührschüssel
Handrührgerät
Frischhaltefolie
Backblech
Backpapier
Nudelholz
Ausstechförmchen
kleine Schüsseln
Schneebesen
Küchenpinsel
Ofenhandschuhe
Kuchengitter

SAFRANHERZEN

SCHWIERIGKEITSGRAD:

DAS BRAUCHST DU
(für ca. 35 Plätzchen)

- 100 g Butter
- 125 g Mehl
- 30 g Speisestärke
- 50 g Zucker
- 1 Prise Salz
- 1 Prise gemahlener Safran
- 2 El Milch
- 1 Ei zum Bestreichen
- 2 El gemahlene Mandeln
- Mehl für die Arbeitsfläche

SO GEHT'S

1. Schneide die Butter in kleine Stücke. Siebe das Mehl mit der Speisestärke in eine Rührschüssel. Gib die Butter, 30 g Zucker, das Salz, den Safran und die Milch dazu. Verknete alles zuerst mit den Knethaken des Handrührgerätes, dann mit den Händen zu einem glatten Teig. Wickle den Teig in Folie und stelle ihn mindestens 30 Minuten im Kühlschrank kalt.

2. Heize den Backofen auf 175 °C vor. Leg ein Backblech mit Backpapier aus.

3. Rolle den Teig auf einer bemehlten Arbeitsfläche aus und stich mit einem Ausstechförmchen Herzen aus.

4. Trenne das Ei. Verrühre das Eiweiß und vermische es mit dem restlichen Zucker und den gemahlenen Mandeln. Verrühre das Eigelb. Bepinsle die Plätzchen zuerst mit etwas Eigelb und wende sie dann in der Eiweiß-Mischung.

5. Leg die Plätzchen auf das Backblech und backe sie 12-14 Minuten. Lass sie danach auf einem Kuchengitter abkühlen.

ERDNUSSKEKSE

SCHWIERIGKEITSGRAD:

SO GEHT'S

1. Schneide die Butter in kleine Stücke. Siebe das Mehl auf die Arbeitsfläche und drücke eine Mulde hinein. Gib das Eigelb in die Mulde. Verteile die Butter, den Zucker, das Salz und die Erdnussbutter auf dem Mehlrand.

2. Zerhacke die Zutaten grob mit einem langen Messer. Verknete dann alles mit den Händen zügig zu einem glatten Teig. Wickle den Teig in Frischhaltefolie und stelle ihn etwa 30 Minuten im Kühlschrank kalt.

3. Heize den Backofen auf 180 °C (keine Umluft) vor. Leg ein Backblech mit Backpapier aus.

4. Bestäube deine Hände mit Mehl und forme aus dem Teig etwa walnussgroße Kugeln. Leg die Kugeln mit etwas Abstand auf das Backblech. Drücke die Kugeln dann mit einer Gabel flach, sodass die Oberfläche Rillen erhält.

5. Backe die Plätzchen etwa 10 Minuten goldgelb. Lass sie danach auf einem Kuchengitter abkühlen. Bestäube die Plätzchen zum Schluss mit Puderzucker.

DAS BRAUCHST DU

(für ca. 25 Plätzchen)

- 100 g Butter
- 125 g Mehl
- 1 Eigelb
- 50 g Zucker
- 1 Prise Salz
- 2 El crunchy Erdnussbutter
- Puderzucker zum Bestäuben
- Mehl für die Hände

JOKE

Kennst du den Unterschied zwischen einem Fisch und einem Keks? Na, dann tunk mal einen Fisch in den Tee!

DAS STELLST DU BEREIT

Küchenwaage
Messer
Sieb
Frischhaltefolie
Backblech

Backpapier
Gabel
Ofenhandschuhe
Kuchengitter

„Aah, es gibt nichts Besseres als den Geschmack von frischem Quallengelee direkt vom Weichtier."

DAS STELLST DU BEREIT

Küchenwaage
Messer
Sieb
Frischhaltefolie
Backblech
Backpapier
Nudelholz
Ausstechförmchen
Ofenhandschuhe
Kuchengitter
kleiner Topf
Küchenpinsel

ENGELSAUGEN

SCHWIERIGKEITSGRAD:

DAS BRAUCHST DU

(für ca. 25 Plätzchen)

125 g Butter
200 g Mehl
1 Eigelb
60 g Zucker
1 Päckchen Vanillezucker
1 Prise Salz
100 g rotes Johannisbeergelee
Puderzucker zum Bestäuben
Mehl für die Arbeitsfläche

SO GEHT'S

1. Schneide die Butter in kleine Stücke. Siebe das Mehl auf die Arbeitsfläche und drücke in die Mitte eine Mulde hinein. Gib das Eigelb in die Mulde. Verteile die Butter, den Zucker, den Vanillezucker und das Salz auf dem Mehlrand.

2. Zerhacke die Zutaten grob mit einem langen Messer. Verknete dann alles mit den Händen zügig zu einem glatten Teig. Wickle den Teig in Frischhaltefolie und stelle ihn etwa 30 Minuten im Kühlschrank kalt.

3. Heize den Backofen auf 200 °C vor. Leg ein Backblech mit Backpapier aus.

4. Rolle den Teig auf einer bemehlten Arbeitsfläche aus und stich mit einem runden Ausstechförmchen Plätzchen aus. Stich dann bei der Hälfte der Plätzchen in der Mitte ein kleineres Loch aus.

5. Leg die Plätzchen auf das Backblech und backe sie 8-10 Minuten. Lass sie danach auf einem Kuchengitter abkühlen.

6. Erhitze das Gelee vorsichtig, bis es streichfähig ist. Bepinsle die Plätzchen ohne Loch damit. Bestäube die Plätzchen mit Loch mit Puderzucker und setze sie auf die mit Gelee bestrichenen Plätzchen.

KOKOS-STERNE

SCHWIERIGKEITSGRAD:

DAS BRAUCHST DU

(für ca. 25 Party-Plätzchen)

- 100 g Butter
- 125 g Mehl
- 1 Eigelb
- 50 g Zucker
- 1 Prise Salz
- 2 El geriebene Schokolade
- 2 El Kokosraspeln
- 200 g weiße Schokolade
- 4 El Crème double
- Mehl für die Arbeitsfläche

SO GEHT'S

1. Schneide die Butter in kleine Stücke. Siebe das Mehl auf die Arbeitsfläche und drücke in die Mitte eine Mulde hinein. Gib das Eigelb in die Mulde. Verteile die Butter, den Zucker, das Salz, die Schokolade und die Kokosraspeln auf dem Mehlrand.

2. Zerhacke die Zutaten grob mit einem langen Messer. Verknete dann alles mit den Händen zügig zu einem glatten Teig. Wickle den Teig in Frischhaltefolie und stelle ihn etwa 30 Minuten im Kühlschrank kalt.

3. Heize den Backofen auf 200 °C vor. Leg ein Backblech mit Backpapier aus. Rolle den Teig auf einer bemehlten Arbeitsfläche aus und stich mit einem Ausstechförmchen Sterne aus. Leg die Sterne auf das Backblech und backe sie 8–10 Minuten. Lass sie danach auf einem Kuchengitter abkühlen.

4. Brich die weiße Schokolade in Stücke. Erhitze die Crème double und lass die Schokolade unter Rühren darin schmelzen. Nimm den Topf vom Herd und lass die Masse abkühlen.

5. Rühre die Masse einmal durch und streiche sie dann auf die Hälfte der Plätzchen. Setze die übrigen Plätzchen darauf. Lass die Plätzchen etwa 30 Minuten im Kühlschrank ruhen.

DAS STELLST DU BEREIT

Küchenwaage
Messer
Sieb
Frischhaltefolie
Backblech
Backpapier
Nudelholz
Ausstechförmchen
Ofenhandschuhe
Kuchengitter
Topf
Küchenpinsel

TIPP

Wenn du Zitronenschale abreibst, pass auf, dass du die weiße Schale nicht mit abreibst – sie ist noch bitterer als Thaddäus nach einer langen Schicht in der Krossen Krabbe!

DAS STELLST DU BEREIT

- Küchenwaage
- Rührschüssel
- Handrührgerät
- Sieb
- Frischhaltefolie
- Backblech
- Backpapier
- Nudelholz
- Ausstechförmchen
- kleine Schüssel
- Küchenpinsel
- Ofenhandschuhe
- Kuchengitter

ZITRONENKRÄNZCHEN

SCHWIERIGKEITSGRAD:

DAS BRAUCHST DU

(für ca. 30 Plätzchen)

125 g Butter
100 g Zucker
2 Eigelb
abgeriebene Schale und Saft von 1 unbehandelten Zitrone
200 g Mehl
50 g Kartoffelmehl
1 gestrichener Tl Backpulver
1 Eigelb und 1 El Milch zum Bestreichen
Hagelzucker zum Bestreuen
Mehl für die Arbeitsfläche

SO GEHT'S

1. Rühre die Butter mit dem Zucker mit den Rührbesen des Handrührgerätes schaumig. Gib das Eigelb, die Zitronenschale und den -saft hinzu. Siebe das Mehl, das Kartoffelmehl und das Backpulver darüber und vermische alles zuerst mit den Knethaken des Handrührgerätes, dann mit den Händen zu einem glatten Teig. Wickle den Teig in Folie und stelle ihn über Nacht im Kühlschrank kalt.

2. Heize am nächsten Tag den Backofen auf 200 °C vor. Leg ein Backblech mit Backpapier aus.

3. Rolle den Teig auf einer bemehlten Arbeitsfläche aus und stich mit einem Ausstechförmchen Kränzchen aus.

4. Leg die Plätzchen auf das Backblech. Verquirle Eigelb und Milch miteinander und bepinsle die Plätzchen damit. Bestreue sie anschließend mit Hagelzucker und backe sie 10-15 Minuten. Lass sie danach auf einem Kuchengitter abkühlen.

PATRICK-COOKIES

SCHWIERIGKEITSGRAD:

DAS BRAUCHST DU

(für ca. 30 Plätzchen)

- 100 g Butter
- 75 g Schmalz
- 50 g Zucker
- 1 Prise Salz
- 3-4 El Crème fraîche
- 250 g Mehl
- Crème fraîche zum Bestreichen
- Puderzucker zum Verzieren
- Lebensmittelfarbe in verschiedenen Farben zum Verzieren
- Mehl für die Arbeitsfläche

SO GEHT'S

1. Rühre Butter und Schmalz mit Zucker und Salz mit den Rührbesen des Handrührgerätes schaumig. Gib die Crème fraîche dazu. Siebe das Mehl darüber und vermische alles zuerst mit den Knethaken des Handrührgerätes, dann mit den Händen zu einem glatten Teig. Wickle den Teig in Folie und stelle ihn mindestens 30 Minuten im Kühlschrank kalt.

2. Heize den Backofen auf 180 °C vor. Leg ein Backblech mit Backpapier aus.

3. Knete den Teig noch einmal kurz durch und rolle ihn dann auf einer bemehlten Arbeitsfläche aus. Stich mit dem Patrick-Ausstechförmchen Plätzchen aus.

4. Bestreiche die Plätzchen dünn mit Crème fraîche. Leg sie dann auf das Backblech und backe sie etwa 10 Minuten. Lass sie danach auf einem Kuchengitter abkühlen.

5. Verrühre jeweils in verschiedenen Schüsseln etwas Puderzucker mit Wasser, bis eine zähflüssige Paste entsteht. Gib dann jeweils eine Lebensmittelfarbe dazu und verrühre die Masse. Verziere die Plätzchen mit den verschiedenen Farben, so dass sie aussehen wie Patrick (siehe auch Tipp S. 20).

DAS STELLST DU BEREIT

Küchenwaage
Rührschüssel
Handrührgerät
Sieb
Frischhaltefolie
Backblech
Backpapier
Nudelholz
Ausstechförmchen
Küchenpinsel
Ofenhandschuhe
Kuchengitter
kleine Schüsseln
kleine Löffel
ggf. Gefrierbeutel und Schere

JOKE

Der Kunde zum Bäcker: „Was können Sie mir heute empfehlen?" – „Flambierte Torte, flambiertes Brot, flambierte Plätzchen …" – „Warum ist denn bei Ihnen alles flambiert?" – „Weil die Küche brennt!"

DAS STELLST DU BEREIT

Küchenwaage
Rührschüssel
Handrührgerät
Kochlöffel
Backblech

Backpapier
Spritzbeutel mit großer Sterntülle
Ofenhandschuhe
Kuchengitter

SPRITZGEBÄCK

SCHWIERIGKEITSGRAD:

DAS BRAUCHST DU
(für ca. 35 Plätzchen)

60 g Butter
125 g Zucker
1/2 Päckchen Vanillezucker
1 Ei
60 g gemahlene Mandeln
175 g Mehl

SO GEHT'S

1. Rühre die Butter mit dem Zucker und dem Vanillezucker mit den Rührbesen des Handrührgerätes, bis sich der Zucker aufgelöst hat.

2. Gib nun das Ei dazu und rühre es so lange unter, bis es sich mit der Buttermasse verbunden hat.

3. Füge dann die Mandeln und das Mehl hinzu und hebe beides mit dem Kochlöffel zügig unter. Stelle den Teig dann etwa 1 Stunde im Kühlschrank kalt.

4. Heize den Backofen auf 200 °C vor. Leg das Backblech mit Backpapier aus. Gib den Teig portionsweise in den Spritzbeutel und spritze damit Streifen auf das Backblech.

5. Backe die Plätzchen im Ofen etwa 10-15 Minuten, bis sie goldgelb sind. Lass sie danach auf einem Kuchengitter auskühlen.

ERDNUSS-SCHOKO-QUADRATE

SCHWIERIGKEITSGRAD:

DAS BRAUCHST DU

(für ca. 30 Party-Plätzchen)

Für den Teig:
- 125 g Butter
- 125 g brauner Zucker
- 1 Päckchen Vanillezucker
- 200 g Mehl

Für den Belag:
- 450 ml gezuckerte Kondensmilch
- 30 g Butter
- 50 g Zucker
- 1 Päckchen Vanillezucker
- 1 Prise Salz
- 150 g gehackte, ungesalzene Erdnüsse
- 200 g geraspelte Zartbitterschokolade zum Bestreuen

Außerdem:
Mehl für die Arbeitsfläche

SO GEHT'S

1. Rühre die Butter mit dem braunen Zucker und dem Vanillezucker mit den Rührbesen des Handrührgerätes schaumig. Siebe das Mehl auf die Buttermasse und vermische alles zuerst mit den Knethaken des Handrührgerätes, dann mit den Händen zu einem glatten Teig. Wickle den Teig in Folie und lass ihn etwa 30 Minuten im Kühlschrank ruhen.

2. Gib die Kondensmilch mit der Butter, dem Zucker, dem Vanillezucker und dem Salz in einen Topf und lass alles unter Rühren ca. 30 Minuten einkochen, bis die Masse hellbraun und dickflüssig ist. Rühre dann die Hälfte der Nüsse unter.

3. Heize den Backofen auf 180 °C vor. Leg ein Backblech mit Backpapier aus. Rolle den Teig auf der bemehlten Arbeitsfläche in Größe des halben Backblechs aus und leg ihn auf das Backblech. Stelle einen Backrahmen darum. Stich mit einer Gabel einige Löcher in den Teig und backe ihn etwa 10 Minuten vor.

4. Nimm das Backblech vorsichtig mit Ofenhandschuhen aus dem Ofen und streiche mit einem Kochlöffel die Karamellmasse darauf. Backe alles weitere 10 Minuten.

5. Bestreue den noch heißen Belag sofort nach dem Backen mit Schokoraspeln und den restlichen Nüssen. Schneide alles noch warm in kleine Quadrate.

DAS STELLST DU BEREIT

Küchenwaage
Rührschüssel
Handrührgerät
Sieb
Frischhaltefolie
Topf
Kochlöffel
Backblech
Backpapier
Nudelholz
Backrahmen
Gabel
Ofenhandschuhe
Messer

BUTTERGEBÄCK

DAS BRAUCHST DU

(für ca. 50 Plätzchen)

250 g Mehl
1 Ei
125 g Butter
100 g Zucker
1/2 Päckchen Vanillezucker
1 Messerspitze Zimt
1 Eigelb zum Bestreichen
bunter Zucker, Hagelzucker oder gehackte Mandeln zum Verzieren
Mehl für die Arbeitsfläche

SCHWIERIGKEITSGRAD:

SO GEHT'S

1. Siebe das Mehl auf die Arbeitsfläche und drücke in die Mitte eine Mulde hinein. Gib das Ei in die Mulde. Schneide die Butter in kleine Stücke und verteile sie zusammen mit Zucker, Vanillezucker sowie dem Zimt auf dem Mehlrand.

2. Zerhacke die Zutaten mit einem langen Messer. Verknete dann alles mit den Händen zügig zu einem glatten Teig. Wickle den Teig in Folie und stelle ihn mindestens 30 Minuten im Kühlschrank kalt.

3. Heize den Backofen auf 180-200 °C vor. Leg ein Backblech mit Backpapier aus. Rolle den Teig auf der bemehlten Arbeitsfläche aus und stich Figuren aus.

4. Leg die Plätzchen auf das Backblech und backe sie etwa 10 Minuten, bis sie goldgelb sind. Lass sie dann auf einem Kuchengitter vollständig auskühlen.

5. Verschlag das Eigelb mit einer Gabel und streich es auf die Plätzchen. Verziere die Plätzchen nach Belieben.

ANANAS-KOKOS-STERNE

SCHWIERIGKEITSGRAD:

DAS BRAUCHST DU

(für ca. 25 Party-Plätzchen)

Für den Teig:
- 25 g kandierte Ananas
- 75 g Kokosraspeln
- 125 g Mehl
- 2 Eigelb
- 100 g Butter
- 75 g Puderzucker
- 1 Prise Salz

Für die Füllung:
- 1 Ei
- 50 g Puderzucker
- 1 El Zitronensaft
- 50 g Kokosraspeln
- 25 g Ananaskonfitüre

Außerdem:
- 50 g Puderzucker
- 2-3 El Kokosraspeln zum Bestreuen
- Mehl für die Arbeitsfläche

SO GEHT'S

1. Schneide die kandierte Ananas mit einem Messer in sehr kleine Stücke. Röste die Kokosraspeln in einer Pfanne ohne Fett unter ständigem Rühren an. Lass sie dann auf einem Teller abkühlen.

2. Siebe das Mehl auf die Arbeitsfläche und drücke in die Mitte eine Mulde hinein. Gib das Eigelb in die Mulde. Schneide die Butter in kleine Stücke. Verteile die Butter, die Ananasstückchen, die Kokosraspeln, den Puderzucker und das Salz auf dem Mehlrand.

3. Zerhacke die Zutaten grob mit einem langen Messer. Verknete dann alles mit den Händen zügig zu einem glatten Teig. Wickle den Teig in Folie und stelle ihn etwa 60 Minuten im Kühlschrank kalt.

4. Verrühre für die Füllung die Eier und den Puderzucker mit den Rührbesen des Handrührgerätes zu einer schaumigen Masse. Gib dann nacheinander Zitronensaft, Kokosraspeln und Konfitüre hinzu und rühre alles unter.

5. Heize den Backofen auf 180 °C vor. Leg ein Backblech mit Backpapier aus. Rolle den Teig auf einer mit Mehl bestreuten Arbeitsfläche gleichmäßig aus. Stich mit einem Ausstechförmchen Sterne aus.

6. Leg die Hälfte der Sterne auf das Backblech. Gib jeweils einen kleinen Klecks der Füllung darauf. Leg dann jeweils einen zweiten Stern darauf und drücke ihn leicht an. Backe die Plätzchen etwa 15 Minuten. Lass sie anschließend auf einem Kuchengitter abkühlen.

7. Rühre den Puderzucker mit 2-3 Esslöffeln Wasser glatt. Bepinsle die Plätzchen damit und bestreue sie mit Kokosraspeln.

DAS STELLST DU BEREIT

Küchenwaage
Messer
Pfanne
Kochlöffel
Teller
Rührschüssel
Sieb
Frischhaltefolie
Handrührgerät
Backblech
Backpapier
Nudelholz
Ausstechförmchen
Teelöffel
Ofenhandschuhe
kleine Schüssel
Küchenpinsel

JOKE

Mr. Krabs kommt in eine Postfiliale: „Eine 45-Cent-Briefmarke, bitte! Aber machen Sie den Preis ab, es soll ein Weihnachtsgeschenk sein."

DAS STELLST DU BEREIT

Backblech
Backpapier
Küchenwaage
Rührschüssel
Handrührgerät
Teelöffel
Ofenhandschuhe
Schüssel
Küchenpinsel

LEBKUCHEN

SCHWIERIGKEITSGRAD:

DAS BRAUCHST DU
(für ca. 30 Plätzchen)

1 Ei
75 g brauner Zucker
je 1 Messerspitze gemahlene Nelken und gemahlener Koriander
1/4 Tl Zimt
1/2 Tl abgeriebene Schale von 1 unbehandelten Zitrone
50 g Zitronat
75 g gemahlene Mandeln
50 g gehackte Mandeln
ca. 30 Backoblaten (ca. 5 cm Ø)
125 g Puderzucker für den Guss
ca. 2 El Zitronensaft für den Guss

SO GEHT'S

1. Heize den Backofen auf 160 °C vor. Leg ein Backblech mit Backpapier aus.

2. Schlag das Ei mit dem Zucker mit den Rührbesen des Handrührgeräts steif. Rühre dann die Gewürze, die Zitronenschale, das Zitronat und die Mandeln unter.

3. Verteile die Masse mit einem Teelöffel auf den Oblaten. Leg sie dann auf das Backblech und backe sie etwa 20 Minuten. Lass sie danach etwas abkühlen.

4. Verrühre den Puderzucker mit dem Zitronensaft und bestreiche die noch warmen Lebkuchen damit. Lass den Guss trocknen.

MANDELSPLITTER-HÄUFCHEN

SCHWIERIGKEITSGRAD:

DAS BRAUCHST DU

(für ca. 25 Plätzchen)

- 50 g Butter
- 150 g Mehl
- 1 Tl Backpulver
- 1 Prise Salz
- 50 g Zucker
- 2 Päckchen Vanillezucker
- 4 El Milch
- 125 g Kokosfett
- 65 g Puderzucker
- 3 El Kakao
- 1 Ei
- 75 g Mandelstifte
- 200 g Kuvertüre zum Verzieren
- Mehl für die Arbeitsfläche

SO GEHT'S

1. Schneide die Butter in kleine Stücke. Siebe das Mehl mit dem Backpulver in eine Rührschüssel und gib Salz, Zucker, 1 Päckchen Vanillezucker, Milch und die Butter dazu.

2. Verknete alles zuerst mit den Knethaken des Handrührgerätes, dann mit den Händen zu einem glatten Teig. Wickle den Teig in Folie und stelle ihn für etwa 30 Minuten kalt.

3. Heize den Backofen auf 180 °C vor. Leg ein Backblech mit Backpapier aus. Rolle den Teig auf einer bemehlten Arbeitsfläche aus und stich mit einem Ausstechförmchen runde Plätzchen aus. Leg die Plätzchen auf das Backblech und backe sie etwa 10 Minuten. Lass sie danach auf einem Kuchengitter abkühlen.

4. Gib das Kokosfett in einen Topf und lass es schmelzen. Nimm den Topf dann vom Herd und rühre Puderzucker, Kakao, 1 Päckchen Vanillezucker und das Ei unter. Vermische alles mit den Mandelstiften und verteile die Masse dann mit einem Teelöffel kuppelförmig auf den Plätzchen. Lass die Masse fest werden.

5. Lass die Kuvertüre im Wasserbad schmelzen und bepinsle dann die Plätzchen damit. Lass die Glasur fest werden.

DAS STELLST DU BEREIT

Küchenwaage
Messer
Sieb
Rührschüssel
Handrührgerät
Frischhaltefolie
Backblech
Backpapier
Nudelholz
Ausstechförmchen
Ofenhandschuhe
Kuchengitter
Topf
Kochlöffel
Teelöffel
Wasserbad
Küchenpinsel

DAS STELLST DU BEREIT

Küchenwaage
Rührschüssel
Sieb
Handrührgerät
Frischhaltefolie
Backblech
Backpapier
Nudelholz
Ausstechförmchen
Ofenhandschuhe
Kuchengitter
kleine Schüssel
Küchenpinsel
Wasserbad

MARZIPANBÄRCHEN

SCHWIERIGKEITSGRAD:

DAS BRAUCHST DU
(für ca. 30 Party-Plätzchen)

- 250 g Marzipanrohmasse
- 100 g Puderzucker
- 1 Eiweiß
- 50 g gehackte Mandeln
- 90 g Mehl
- 1 Tl Backpulver
- 10 g Kakaopulver
- 1 Eigelb zum Bestreichen
- 40 g gehackte Mandeln, 30 g dunkle Schokolade und Zuckerguss zum Verzieren

SO GEHT'S

1. Verknete die Marzipanrohmasse in einer Rührschüssel mit dem Puderzucker, dem Eiweiß und den Mandeln. Vermische das Mehl mit Backpulver und Kakaopulver und siebe diese Mischung zu der Marzipanmasse. Verknete alles zuerst mit den Knethaken des Handrührgerätes, dann mit den Händen zu einem glatten Teig. Wenn der Teig noch sehr klebt, nimm noch etwas mehr Mehl. Wickle den Teig in Folie und stelle ihn für etwa 30 Minuten kalt.

2. Heize den Backofen auf 160 °C vor. Leg ein Backblech mit Backpapier aus.

3. Rolle den Teig zwischen 2 Lagen Frischhaltefolie aus und stich dann mit einem Ausstechförmchen Bärchen aus.

4. Leg die Plätzchen auf das Backblech und backe sie 12–15 Minuten. Lass sie dann auf einem Kuchengitter auskühlen.

5. Verquirle das Eigelb und bestreiche die Plätzchen dünn damit. Verziere sie mit gehackten Mandeln.

6. Lass die Schokolade im Wasserbad schmelzen und bepinsle dann die Ohren und die Pfoten damit. Aus 2 Tupfen Zuckerguss malst du zum Schluss die Augen und lässt alles trocknen.

NUSS-MAKRONEN

SCHWIERIGKEITSGRAD:

DAS BRAUCHST DU

(für ca. 25 Plätzchen)

- 100 g gehackte Walnüsse
- 2 Eiweiß
- 1 Prise Salz
- 100 g Zucker
- 1/2 Päckchen Vanillezucker
- 50 g Schokoladenraspeln
- ca. 25 Backoblaten (ca. 4 cm Ø)
- 25 g weiße Kuvertüre zum Verzieren
- Kakaopulver zum Bestäuben

SO GEHT'S

1. Röste die Walnüsse in einer Pfanne ohne Fett unter Rühren an. Nimm die Pfanne dann vom Herd und lass die Nüsse abkühlen.

2. Heize den Backofen auf 140 °C vor. Leg ein Backblech mit Backpapier aus.

3. Schlag das Eiweiß mit dem Salz mit den Rührbesen des Handrührgerätes steif. Lass dann nach und nach den Zucker und den Vanillezucker einrieseln und schlag dabei ständig weiter. Hebe dann mit einem Kochlöffel die Nüsse und die Schokoladenraspeln unter.

4. Verteile die Masse auf den Oblaten und backe die Plätzchen etwa 20 Minuten. Lass sie dann auf einem Kuchengitter abkühlen.

5. Lass die Kuvertüre im Wasserbad schmelzen. Tauche dann eine Gabel hinein und ziehe damit Schokoladenfäden über die Plätzchen. Zum Schluss bestäube alles mit Kakaopulver.

DAS STELLST DU BEREIT

Küchenwaage
Sieb
Messer
Frischhaltefolie
Backblech
Backpapier
Nudelholz
Ausstechförmchen
Ofenhandschuhe
Kuchengitter
kleine Schüsseln
Löffel
Küchenpinsel
ggf. Gefrierbeutel und Schere

GARY-COOKIES

SCHWIERIGKEITSGRAD:

DAS BRAUCHST DU

(für ca. 35 Plätzchen)

300 g Mehl
2 Eigelb
150 g Butter
150 g Zucker
1 Päckchen Vanillezucker
1 Prise Salz
Puderzucker zum Verzieren
Lebensmittelfarben in verschiedenen Farben zum Verzieren
Mehl für die Arbeitsfläche

SO GEHT'S

1. Siebe das Mehl auf die Arbeitsfläche und drücke in die Mitte eine Mulde hinein. Gib das Eigelb in die Mulde. Schneide die Butter in kleine Stücke und verteile sie zusammen mit Zucker, Vanillezucker und Salz auf dem Mehlrand.

2. Zerhacke die Zutaten mit einem langen Messer. Verknete dann alles mit den Händen zügig zu einem glatten Teig. Wickle den Teig in Folie und stelle ihn mindestens 30 Minuten im Kühlschrank kalt.

3. Heize den Backofen auf 180 °C vor. Leg ein Backblech mit Backpapier aus.

4. Rolle den Teig auf einer bemehlten Arbeitsfläche aus und stich mit dem Gary-Ausstechförmchen Plätzchen aus. Leg die Plätzchen auf das Backblech und backe sie 10-15 Minuten. Lass sie danach auf einem Kuchengitter abkühlen.

5. Verrühre jeweils in verschiedenen Schüsseln etwas Puderzucker mit Wasser, bis eine zähflüssige Paste entsteht. Gib dann jeweils eine Lebensmittelfarbe dazu und verrühre die Masse. Verziere die Plätzchen mit den verschiedenen Farben, so dass sie aussehen wie Gary (siehe auch Tipp S. 20).

MOHNSTERNE

DAS BRAUCHST DU
(für ca. 30 Plätzchen)

200 g Mehl
75 g Butter
25 g Zucker
1 Eigelb
1 El abgeriebene Schale von 1 unbehandelten Zitrone
1 Prise Salz
125 g Mohnback
75 g Pflaumenmus
2 Tl Zitronensaft
20 g Zartbitterkuvertüre
25 g Puderzucker
rote Lebensmittelfarbe
Mehl für die Arbeitsfläche

SCHWIERIGKEITSGRAD:

SO GEHT'S

1. Siebe das Mehl in eine Rührschüssel. Gib die Butter, den Zucker, das Eigelb, die Zitronenschale, das Salz und das Mohnback hinzu und verknete alles erst mit den Knethaken des Handrührgerätes, dann mit den Händen zu einem glatten Teig. Wickle den Teig in Frischhaltefolie und stelle ihn etwa 1 Stunde im Kühlschrank kalt.

2. Heize den Backofen auf 175 °C vor. Leg ein Backblech mit Backpapier aus. Rolle den Teig auf einer bemehlten Arbeitsfläche aus und stich mit einem Ausstechförmchen Sterne aus.

3. Leg die Sterne auf das Backblech und backe sie auf der 2. Einschubleiste von unten 8-10 Minuten. Lass sie danach auf einem Kuchengitter abkühlen.

4. Verrühre das Pflaumenmus mit dem Zitronensaft und bestreiche damit die Hälfte der Plätzchen. Lass das Mus etwa 20 Minuten trocknen und setze dann die restlichen Plätzchen darauf.

5. Lass die Kuvertüre im Wasserbad schmelzen und verziere eine Hälfte der Plätzchen damit. Rühre den Puderzucker mit etwas Wasser und roter Lebensmittelfarbe glatt und verziere damit die restlichen Plätzchen.

JOKE

Warum steigt Patrick in der Adventszeit immer zum Fenster aus dem Haus hinaus? – Weil Weihnachten vor der Tür steht!

DAS STELLST DU BEREIT

- Küchenwaage
- Sieb
- Rührschüssel
- Handrührgerät
- Frischhaltefolie
- Backblech
- Backpapier
- Nudelholz
- Ausstechförmchen
- Ofenhandschuhe
- Kuchengitter
- Schüssel
- Küchenpinsel
- Wasserbad

KOKOS-BERGE

SCHWIERIGKEITSGRAD:

DAS BRAUCHST DU
(für ca. 40 Plätzchen)

6 getrocknete Aprikosen
2 Eier
150 g Zucker
1 Tl Zitronensaft
200-225 g Kokosraspeln
1 Messerspitze gemahlener Kardamom
je 1 Prise Nelkenpulver und Muskat
ca. 40 Backoblaten (ca. 4 cm ⌀)

SO GEHT'S

1. Schneide die Aprikosen in ganz kleine Stücke. Schlag die Eier mit dem Zucker und dem Zitronensaft mit den Rührbesen des Handrührgerätes schaumig.

2. Hebe die Aprikosenstücke, die Kokosraspeln und die Gewürze mit einem Kochlöffel unter. Decke die Schüssel mit Frischhaltefolie ab und lass den Teig etwa 30 Minuten im Kühlschrank ruhen.

3. Heize den Backofen auf 175 °C vor. Leg ein Backblech mit Backpapier aus.

4. Verteile die Kokosmasse mithilfe eines Teelöffels auf den Oblaten und backe die Plätzchen 15-20 Minuten goldgelb. Lass sie danach auf einem Kuchengitter abkühlen.

© 2013 Viacom International Inc.
Alle Rechte vorbehalten.
Nickelodeon, Nick, SpongeBob Schwammkopf und alle dazugehörigen Titel, Logos
und Characters sind Marken der Viacom International Inc.

Hergestellt von Stephen Hillenburg

Gesamtherstellung:
Schwager & Steinlein Verlag GmbH
Emil-Hoffmann-Straße 1, D-50996 Köln
Redaktion: Susanne Gärtner
Foodfotografie: TLC Fotostudio
Alle Rechte vorbehalten

www.schwager-steinlein-verlag.de